Anja Werner

Wenn es
dunkel wird

Anja Werner

Wenn es dunkel wird

Vierzehn Gutenachtgeschichten

Mit Illustrationen
von Ute Gerstenmaier

Urachhaus

Für Henrik

ISBN 978-3-8251-7348-7

4. Auflage 2013
Erschienen im Verlag Urachhaus
www.urachhaus.com

© 2001 Verlag Freies Geistesleben & Urachhaus GmbH, Stuttgart
Umschlagillustration: Ute Gerstenmaier
Gesamtherstellung: DZA Druckerei zu Altenburg GmbH, Altenburg

Inhalt

Lina, Lotti und Dotti

Es waren einmal drei Hühnchen, die hießen Lina, Lotti und Dotti. Sie lebten auf einem Bauernhof mit vielen anderen Tieren.

Eines Tages lag mitten auf dem Hof ein großes, dickes, goldenes Korn, das sah ganz lecker aus.

»Ich möchte das Korn essen!«, rief Lina.

»Nein, ich habe es zuerst gesehen!«, rief Lotti.

»Nein, mir gehört das Korn!«, rief Dotti.

Und sie begannen sich zu streiten, wem das Korn gehören sollte.

Als sie sich nicht einig wurden, liefen sie zur Gans und sagten:»Liebe Gans, wir haben ein wunderschönes, leckeres Körnchen gefunden, aber wir wissen nicht, wer es haben soll. Kannst du uns helfen?«

Aber die Gans wusste auch keinen Rat.

Da fragten sie alle Tiere in ihrer Nachbarschaft, die Ente, das Schwein, die Ziege und die Kuh, aber keines wusste weiter.

Zuletzt gingen sie zum Pferd, das war schon sehr alt und weise. Sie erzählten von ihrem Streit und baten um Rat. Lange dachte das Pferd nach, dann sagte es:»Ja, vielleicht kann ich euch helfen. Sucht

euch ein sonniges Plätzchen, grabt ein kleines Loch, legt das Körnlein in die Erde, deckt es gut zu und vergesst nicht, ihm Wasser zu bringen, und dann wartet ab. Wenn ihr Geduld habt, werdet ihr schon sehen, was geschieht.«

»Danke«, sagten Lina, Lotti und Dotti und machten sich an die Arbeit. Lina grub ein Loch mit ihrem Schnabel, Lotti legte das Korn hinein und deckte es zu, Dotti holte ein Eimerchen Wasser und goss es.

Nach einiger Zeit schob sich ein kleines grünes Spitzchen aus der Erde, das wuchs und wuchs, bis es ein großer Halm war, und oben auf dem Halm saßen bald viele dicke goldene Körner und sahen ganz lecker aus.

8

Da freuten sich Lina, Lotti und Dotti, deckten den Tisch, luden die Gans, die Ente, das Schwein, die Ziege, die Kuh und das Pferd zum Essen ein und jedes bekam ein Korn.

Von der hungrigen Katze

Es war einmal eine kleine Katze, die hatte großen Hunger. Sie ging in die Küche und sagte: »Lieber Koch, ich habe großen Hunger, gibst du mir etwas zu essen?«

Da gab ihr der Koch einen Teller Brei und stellte ihn vor das Haus auf die Wiese.

Als die Katze gerade essen wollte, kam – hoppeldihopp, hoppeldihopp, hoppeldihopp – ein Häschen angehoppelt und sagte: »Liebe Katze, ich habe auch so großen Hunger, darf ich von deinem Brei haben?«

»Ja«, sagte die Katze, »du kannst gerne mit mir essen, genug für eins, genug für zwei!«

Als sie gerade essen wollten, kam – langsam, langsam, immer langsam – eine Schnecke durchs Gras gekrochen und sagte: »Liebe Katze und lieber Hase, ich habe auch so großen Hunger, gebt ihr mir etwas von eurem Brei?«

»Ja«, sagten die Katze und der Hase, »du darfst mit uns essen, genug für zwei, genug für drei!«

Als sie gerade essen wollten, kam – wuffdibuff, wuffdibuff, wuffdibuff – ein Hund herbeigesprungen und sagte: »Liebe Katze, lieber Hase und liebe

Schnecke, ich habe auch so großen Hunger, teilt ihr euren Brei mit mir?«

»Aber ja«, sagten die Katze, der Hase und die Schnecke, »genug für drei, genug für vier!«

Als sie gerade essen wollten, kam – tirizwitsch, tirizwitsch, tirizwitsch – ein Vogel angeflattert und sagte: »Liebe Katze, lieber Hase, liebe Schnecke und lieber Hund, ich habe auch so großen Hunger, darf ich bei euch mitessen?«

»Gerne«, sagten die Katze, der Hase, die Schnecke und der Hund, »genug für vier, genug für fünf!«

Da aßen sie vergnügt zusammen den Teller leer und waren gute Freunde.

Wie der Mond
zu seinem Glanz kam

Vor sehr langer Zeit sprach der Mond zur Sonne:
»Sonne, du strahlst hell am Himmel und alle Menschen sehen dich und haben dich lieb, aber ich bin dunkel und niemand kann mich sehen. Gibst du mir etwas von deinem Glanz ab?«

Da tauchte die Sonne einen großen Pinsel in ihre goldene Farbe und begann, den Mond anzumalen. Erst eine feine Sichel, dann den halben Mond, und schließlich war der Mond rund und voll, strahlte hell und alle Menschen konnten ihn sehen.

Da hatte die Große Frau aber gerade ihren Waschtag. Sie wusch die Wiesen und Wälder, die Bäume

und Büsche, sie kehrte die alten Blätter auf und schrubbte die Berge. Und als sie gerade dabei war, den Himmel blank zu putzen, sah sie den Mond.

Sogleich fing sie an, ihn zu waschen. Sie wischte erst ein wenig Farbe ab, dann immer mehr, bald war nur noch eine schmale Sichel zu sehen, und am Ende war alle Farbe abgewaschen, der Mond war so dunkel und unsichtbar wie zuvor, und die Menschen wunderten sich, wo er geblieben war.

Da klagte der Mond und bat die Sonne, ihn doch wieder so schön anzumalen. Die Sonne nahm ihren Pinsel und bestrich den Mond noch einmal mit ihrem Licht. Doch als sie gerade fertig war und der Mond hell erglänzte, kam wieder die Waschfrau und wusch von neuem alle Farbe ab, und die Sonne musste wieder von vorne anfangen.

Und so geht es immer weiter, die Sonne malt, die Waschfrau wäscht, und die Menschen sehen den Mond einmal voll, einmal halb und einmal gar nicht, bis auf den heutigen Tag.

Vom Fröschlein,
das so gerne fliegen wollte

Es war einmal ein kleiner Frosch, der saß mit vielen anderen Fröschen an einem Teich. Während aber die anderen Frösche miteinander quakten, Mücken fingen und im Wasser plantschten, guckte dieses Fröschlein nur immer in die Luft. Da sah es die Vögel durch den blauen Himmel fliegen und dachte sehnsüchtig: Ach, wenn ich doch fliegen könnte wie ein Vogel, das wäre schön!

Es ging zu seinen Eltern und sagte: »Könnt ihr mir bitte ein Paar Flügel zum Geburtstag schenken, ich möchte so gerne fliegen!«

Da lachten seine Eltern und sagten: »Du bist ein Frosch, und Frösche können nicht fliegen, damit musst du dich abfinden.«

Aber das Fröschlein träumte weiter vom Fliegen und wollte sich nicht damit zufrieden geben.

Es hatte eine Idee: Wenn ich es schaffe, ein Stück am Busch hochzuklettern, und dann hinunterspringe, vielleicht kann ich dann fliegen? Mit vieler Mühe kletterte es auf einen Zweig und – sprang. Und flog es? O ja, nämlich auf die Nase.

 So geht das nicht, sagte sich der kleine Frosch und guckte wieder in die Luft, um die Vögel zu bewundern.

Da kam eines Tages ein Storch angeflogen, um am Teich Frösche zu suchen, die er so gerne aß. Alle Frösche versteckten sich, so schnell sie konnten, nur unser kleines Fröschlein blieb sitzen und fragte ganz mutig: »Großer Storch, ich möchte so gerne einmal fliegen, kannst du mich nicht mitnehmen?«

»Das kann ich wohl«, sagte der Storch, schnappte den Frosch mit seinem langen roten Schnabel und flog davon.

Auf einer Wiese am Waldesrand setzte der Storch das Fröschlein ab und fragte: »Hat dir das Fliegen gefallen?«

»Ja, schon«, sagte das Fröschlein, »aber noch lieber möchte ich alleine fliegen können.«

»Dazu wird es wohl nicht kommen«, sagte der Storch, »denn ich werde dich jetzt aufessen.«

»Um Himmels willen, nur das nicht!«, rief das Fröschlein und sprang so flink ins Unterholz, dass der Storch es nicht wiederfinden konnte.

Aber nun war das Fröschlein weit weg von zu Hause. Zwei Tage musste es hüpfen und hüpfen, bis es endlich wieder an seinem Teich angelangt war. Vom vielen Hüpfen taten ihm die Füße weh, und als es das blaue Wasser sah, sprang es freudig hinein, um sich abzukühlen.

Und im Wasser war es schön! Das Fröschlein schwamm und tauchte und plantschte und paddelte und fühlte sich so leicht und frei wie nie zuvor.

»Schwimmen ist wunderbar«, rief das Fröschlein, »das gefällt mir noch viel besser als Fliegen!«

Und von da an schwamm das Fröschlein jeden Tag in seinem Teich und war ein glücklicher kleiner Frosch.

Der blaue Vogel

Es war einmal ein blauer Vogel, der war sehr scheu. Wenn ihn die Leute sahen, riefen sie: »Oh, schaut, was für ein wunderschöner Vogel, woher mag er wohl kommen?«, und wollten ihn aus der Nähe betrachten.

Aber da war der Vogel schon weggeflogen.

Einmal saß ein Kind im Garten und weinte, denn es hatte Kummer und war sehr traurig. Wie es da saß und weinte und weinte, hörte es plötzlich eine feine

Stimme, die sagte: »Twitwiju, twitwiju, liebes Kind, sei nicht traurig, ich bin bei dir!«

Das Kind blickte auf, und da saß auf einem Zweig der blaue Vogel, schaute es mit seinen dunklen Augen freundlich an und fing an zu singen, so wunderschön und hell und klar, dass das Kind seinen Kummer vergaß. Es sprang auf, klatschte in die Hände und rief: »O du wunderbarer Vogel, wie schön du singst!«

Als das Kind von dem Gesang ganz fröhlich geworden war, sagte der Vogel: »Wenn du wieder einmal traurig bist, dann denke an mich!« Und dann flog er davon.

Das Kind winkte ihm nach und rief: »Lebe wohl, blauer Vogel, ich werde dich nie vergessen!«

Und der Vogel flog höher und höher bis in den Himmel.

Das kranke Häschen

Einmal war das Häschen krank und musste im Bett bleiben. Die Hasenmutter band ihm einen Schal um den Hals und kochte heißen Tee und der Hasenvater ging in die Apotheke und holte Medizin.

Die Sonne schien, und das Häschen hätte so gerne draußen mit seinen Freunden gespielt. Schon steckte der kleine Igel seinen Kopf zur Tür herein und fragte: »Wo bleibst du, Häschen, kommst du nicht und spielst mit uns?«

»Ach«, sagte das Häschen, »ich bin heute krank und muss zu Hause bleiben.«

»Warte«, sagte der Igel, »ich will dir etwas bringen, um dich aufzuheitern!«

Der Igel lief auf die Wiese und begann, für das Häschen einen großen Blumenstrauß zu pflücken. Das Eichhörnchen sah vom Baum aus zu und fragte: »Für wen pflückst du die schönen Blumen?«

»Ach«, sagte der Igel, »das Häschen ist krank. Ich will ihm Blumen bringen.«

»Dann will ich ihm Haselnüsse bringen«, sagte das Eichhörnchen und sprang davon.

Als das Eichhörnchen gerade ein paar Haselnüsse aus seinem Vorrat ausgrub, kam die Biene ange-

flogen und fragte: »Für wen gräbst du die schönen Haselnüsse aus?«

»Ach«, sagte das Eichhörnchen, »das Häschen ist krank. Ich will ihm Nüsse bringen.«

»Dann will ich ihm Honig bringen«, sagte die Biene und summte davon.

Als die Biene gerade etwas Honig in ein Töpfchen füllte, kam der Frosch angehüpft und fragte: »Quak, quak, für wen füllst du den schönen Honig ab?«

»Ach«, sagte die Biene, »das Häschen ist krank. Ich will ihm Honig bringen.«

»Dann will ich ihm Kieselsteine zum Spielen bringen«, sagte der Frosch und sprang davon.

Als der Frosch gerade die schönsten Kiesel am Teich sammelte, kam der kleine Käfer angekrabbelt. »Für wen sammelst du die Kiesel?«, fragte der Käfer.

»Ach«, sagte der Frosch, »das Häschen ist krank. Ich will ihm Kieselsteine zum Spielen bringen.«

»Dann will ich ihm eine Flasche Saft bringen«, sagte der kleine Käfer und krabbelte davon.

Das Häschen lag immer noch im Bett und war traurig, dass es nicht nach draußen konnte.

Da klingelte es an der Tür und der Igel brachte seinen Blumenstrauß.

Dann kam das Eichhörnchen und brachte die Haselnüsse.

Dann kam die Biene und brachte den Honig.

Dann kam der Frosch und brachte die Kiesel.

Dann kam der kleine Käfer und brachte eine kleine Flasche Saft.

Da freute sich das Häschen und wurde schnell wieder gesund.

Der Mond
im Baum

Einmal achtete der Mond, als er über den Himmel zog, nicht auf seinen Weg und blieb in einem Baum hängen. Er steckte zwischen den Zweigen fest und konnte nicht mehr vor und zurück. Da rief er: »Hilfe! Ich hänge fest! Helft mir!«

Aber alle Leute im Dorf schliefen und keiner hörte ihn.

Nur ein Kind hatte so feine Ohren, dass es im Schlaf die Stimme des Mondes hörte. Es wachte auf und dachte: Wer ruft denn da? Ich muss einmal nachschauen. Es ging zum Fenster, öffnete es und sah – den Mond, der rund und gelb im Baume hing.

»Hilfe!«, rief der Mond, »bitte befreit mich!«

»Warte«, sagte das Kind, »ich wecke die großen Leute!«

Es ging zu seinen Eltern, rüttelte sie und rief: »Wacht auf! Der Mond hängt im Baum fest und braucht Hilfe!«

»Ach was«, sagten die Eltern schläfrig, »das hast du geträumt. So etwas gibt es gar nicht.«

»Doch«, sagte das Kind, »geht zum Fenster und seht selbst!«

Als es gar keine Ruhe gab, gingen die Eltern ans Fenster und sahen – den Mond, der im Baume feststeckte. Sie weckten ihre Nachbarn und Freunde und bald war das ganze Dorf auf den Beinen und beratschlagte, was zu tun sei.

»Hilfe!«, rief der Mond kläglich, »helft mir doch bitte!«

Da holten die Leute Sägen und Leitern, sägten ein paar Äste ab und schoben den Mond mit aller Kraft an, bis er endlich mit einem Ruck loskam und aus dem Baum herauskullerte.

»Danke, ihr lieben Leute«, sagte der Mond, »dass ihr mich befreit habt, und danke, liebes Kind, dass du mich gehört hast!« Dann zog er weiter am Himmel entlang und achtete gut auf seinen Weg.

Die Schuhe gehen spazieren

Abends, als das Kind müde wurde, stellte es seine Schuhe unter sein Bett und ging schlafen.

Die Schuhe waren aber noch gar nicht müde, und als alles still war, sagte der eine Schuh zum anderen:

He, du, linker Schuh,
alle Menschen sind zur Ruh',
ich will gern spazieren gehn,
mir die Welt allein besehn!

Und der linke Schuh antwortete:

Ja, du, rechter Schuh,
alle Menschen sind zur Ruh',
ich will auch spazieren gehn,
mir die Welt allein besehn!

So gingen sie, tippe-tapp, tippe-tapp, tippe-tapp, alleine los, geradewegs aus dem Haus hinaus und auf die Straße. Vor Freude sprangen die beiden Schuhe in die Luft und tanzten im Kreise, und dann liefen sie munter die Straße entlang.

Aber da sie noch nie ohne das Kind unterwegs gewesen waren, wussten sie nicht so recht, wohin sie gehen sollten.

»Nach rechts, nach rechts!«, sagte der rechte Schuh. »Nach links, nach links!«, sagte der linke Schuh. Und so gingen sie immer ein Stückchen nach rechts und ein Stückchen nach links, mal dahin und mal dorthin, bis sie sich ganz und gar verlaufen hatten.

Inzwischen war es richtig dunkel geworden, die kleinen Schuhe wurden müde und froren in der kalten Nachtluft, und der eine Schuh sagte zum anderen:

He, du, rechter Schuh,
alle Menschen sind zur Ruh',
ich will gern nach Hause gehn,
unter meinem Bettchen stehn!

Und der rechte Schuh antwortete:

Ja, du, linker Schuh,
alle Menschen sind zur Ruh',
ich will auch nach Hause gehn,
unter meinem Bettchen stehn!

Wie sie so in der Dunkelheit standen und beratschlagten, was sie tun sollten, sahen sie plötzlich zwei helle Lichter auf sich zukommen. Was war das? Waren zwei Sterne vom Himmel gefallen?

Da sagte eine vertraute Stimme: »Miau! Was macht ihr denn hier mitten in der Nacht?«

»Kater Schwarzohr!«, riefen die beiden Schuhe, »du bist das mit deinen Leuchteaugen! Wie gut,

dass wir dich treffen, wir haben uns nämlich verlaufen und wissen nicht, wie wir nach Hause kommen sollen.«

»Den Weg weiß ich wohl«, sagte der Kater Schwarzohr, »und mit meinen Leuchteaugen kann ich auch
im Dunkeln sehen. Kommt, ich bringe euch nach
Hause!«

Nicht lange gingen sie mit dem Kater, da standen
sie wieder vor der Haustüre.

»Danke, Kater Schwarzohr!«, sagten die Schuhe.

»Schlaft gut!«, sagte der Kater, »ich habe noch zu
tun.«

Wie froh waren die Schuhe, als sie wieder unter
dem Kinderbett standen! Im Nu waren sie einge-
schlafen.

Am nächsten Morgen sahen die Schuhe ein wenig müde aus, aber das Kind schlüpfte fröhlich hinein und lief zum Hause hinaus. Auf der Mauer lag Kater Schwarzohr und schlief, aber als das Kind vorbeikam, wachte er auf und zwinkerte vergnügt den beiden Schuhen zu. Und die Schuhe waren ganz stolz auf das Kind, das den Weg so gut kannte.

Das Böckchen

Es war einmal ein Böckchen, das ging zu seiner Mutter und sagte: »Mäh, mäh, gib mir etwas zu essen!«

Da gab ihm die Ziegenmama ein Kohlblatt.

»Nee, nee«, sagte das Böckchen, »Kohlblätter mag ich nicht!«, und sprang zu seinem Vater.

»Mäh, mäh, gib mir etwas zu essen!«, sagte das Böckchen zu seinem Vater. Da gab ihm der Ziegenpapa eine Möhre.

»Nee, nee, Möhren mag ich nicht!«, sagte das Böckchen und lief zu seiner Großmutter.

»Mäh, mäh, gib mir etwas zu essen!«, sagte das Böckchen.

Da gab ihm die Ziegenoma eine Gurke.

»Nee, nee, Gurken mag ich nicht!«, sagte das Böckchen und ging zu seinem Großvater.

»Mäh, mäh, gib mir etwas zu essen!«, sagte das Böckchen zu seinem Großvater.

Da gab ihm der Ziegenopa Salat.

»Nee, nee, Salat mag ich nicht!«, sagte das Böckchen und sprang wieder zu seiner Mutter.

»Ich möchte nun doch das Kohlblatt essen!«, sagte das Böckchen.

»Das haben deine Geschwister schon aufgegessen«, sagte die Ziegenmama.

Es lief zu seinem Vater. »Ich möchte nun doch die Möhre essen!«

»Die haben die Nachbarskinder schon gegessen«, sagte der Ziegenpapa.

Es ging zu seiner Großmutter. »Ich möchte nun doch die Gurke essen!«

»Die Gurke haben unsere Gäste schon gegessen«, sagte die Ziegenoma.

Es kam zu seinem Großvater. »Ich möchte nun doch den Salat essen!«

Und der Salat war noch da und hat dem Böckchen sehr gut geschmeckt.

Der Bär sucht ein Bett

Einmal ging ein kleiner Bär auf Wanderschaft. Am Abend, als er müde wurde, suchte er einen Platz, wo er schlafen könnte.

Da sah er einen Maulwurf, der aus seinem Erdhügel schaute.

»Guten Abend«, sagte der kleine Bär, »ich suche einen Schlafplatz.«

»Ich wohne in den Höhlen und Gängen, die ich mir unter der Erde gegraben habe«, sagte der Maulwurf. »Wenn du möchtest, kannst du gerne bei mir übernachten!«

Der Bär versuchte, in die Maulwurfshöhle hineinzukommen. Aber sein Kopf war viel zu dick und er blieb in der Erde stecken.

Als er seinen Kopf wieder herausgezogen hatte, sagte er zu dem Maulwurf: »Vielen Dank, aber ich suche lieber weiter.«

Nach einiger Zeit traf er eine Wildtaube.

»Guten Abend«, sagte der kleine Bär, »ich suche einen Platz zum Schlafen!«

»Ich wohne in einem Nest auf diesem Baum«, sagte die Taube. »Ich habe es aus Zweigen, Federn und Gräsern gebaut. Wenn du möchtest, kannst du bei mir übernachten.«

Der kleine Bär kletterte den Baum hinauf zum Taubennest. Wenn er sich ganz klein machte, konnte er sich hineinsetzen, aber dann hatte die Taube keinen Platz mehr. Und um sich gemütlich hinzulegen und auszustrecken, dafür war es im Nest wirklich zu eng.

Also sagte der Bär: »Danke, Taube, aber ich suche doch lieber weiter.«

Als er ein Stück weitergegangen war, traf er eine Ameise.

»Guten Abend«, sagte der kleine Bär, »ich suche einen Platz zum Übernachten!«

»Ich wohne mit vielen anderen Ameisen in einem Ameisenhaufen, den wir aus Tannennadeln zusammengetragen haben«, sagte die Ameise. » Wenn du willst, kannst du heute Nacht bei uns bleiben!«

Der kleine Bär ging mit zum Ameisenhaufen, aber als er sich hineinsetzte, liefen hundert Ameisen über sein Fell, so dass es kribbelte und krabbelte und er keine Ruhe fand. Er schüttelte sich, bis alle Ameisen von ihm abgefallen waren. Dann sagte er: »Danke, ihr Ameisen, aber ich suche lieber noch weiter!«

Unterwegs dachte er sich: Alle Tiere, die ich getroffen habe, haben ihren Schlafplatz selbst gemacht, der Maulwurf, die Taube und die Ameisen. Vielleicht kann ich mir auch ein Bett bauen?

Er fand eine kleine Höhle und fegte sie mit einem Tannenzweig aus. Dann sammelte er weiches Moos und Blätter und trug alles in die Höhle hinein. Er breitete das Moos auf dem Boden aus, legte sich darauf und deckte sich mit den Blättern zu.

Behaglich streckte er sich aus und gähnte laut: »Nun habe ich das gemütlichste Bett, das ich mir vorstellen kann. Gute Nacht!«

Der alte Baum

Es war einmal ein großer alter Baum, der hatte tiefe Wurzeln in der Erde, einen dicken, starken Stamm, eine mächtige Krone aus Ästen und Zweigen und Blätter wie ein grünes Dach. In dem Baum bauten viele Vögel ihre Nester, die Eichhörnchen sprangen von Ast zu Ast und die Bienen summten um seine Blüten.

Eines Tages spielten zwei Kinder auf den Wiesen hinter den Feldern, und beim Spielen merkten sie nicht, dass dunkle Regenwolken am Himmel aufgezogen waren.

Erst fielen ein paar dicke Tropfen – pitsch – patsch – pütsch – den Kindern auf die Nase, und dann prasselte ein gewaltiger Regen herab, dass es nur so spritzte.

Die Kinder liefen, was sie konnten, aber der Weg nach Hause war weit. Da sahen sie den großen alten Baum und schlüpften unter sein grünes Blätterdach. Hier war es warm und trocken und die Regentropfen konnten nicht durch die vielen Blätter dringen. Es war so behaglich unter dem Baum, die Blätter rauschten leise ihr Lied, und schließlich schliefen die Kinder ein.

Als sie wieder erwachten, war der Regen vorüber. Die Sonne schien freundlich vom blauen Himmel und alles sah wie frisch gewaschen aus. Die Vögel, die in dem Baume wohnten, sangen ihre Vogellieder.

Da bedankten sich die Kinder beim alten Baum, dass er sie so gut beherbergt hatte, und liefen froh nach Hause.

46

Das Kind und der Bauer

Einmal traf das Kind den Bauern auf dem Felde und fragte ihn: »Lieber Bauer, was machst du da?«

»Ich pflüge das Feld«, sagte der Bauer, »damit wir später Brot zu essen haben.«

»Und wenn du gepflügt hast, können wir dann das Brot essen?«, fragte das Kind.

»Nein«, sagte der Bauer, »erst muss ich pflügen, dann muss ich säen, dann helfen Sonne und Regen, dass das Getreide wächst und reift.«

»Und wenn das Getreide gewachsen und gereift ist, können wir dann das Brot essen?«, fragte das Kind.

»Nein«, sagte der Bauer, »erst muss ich pflügen, dann muss ich säen, dann muss das Getreide wachsen und reifen, dann muss ich ernten, dann muss ich das Korn ausdreschen.«

»Und wenn du das Korn ausgedroschen hast, können wir dann das Brot essen?«, fragte das Kind.

»Nein«, sagte der Bauer, »erst muss ich pflügen, dann muss ich säen, dann muss das Getreide wachsen und reifen, dann muss ich ernten, dann muss ich das Korn ausdreschen und der Müller muss das Korn zu Mehl mahlen.«

»Und wenn der Müller das Korn zu Mehl gemahlen hat«, fragte das Kind, »können wir dann das Brot essen?«

»Nein«, sagte der Bauer, »erst muss ich pflügen, dann muss ich säen, dann muss das Getreide wachsen und reifen, dann muss ich ernten und dreschen, dann muss der Müller das Korn zu Mehl mahlen, dann muss der Bäcker aus dem Mehl Brot backen.«

»Und wenn der Bäcker aus dem Mehl Brot gebacken hat, können wir dann das Brot essen?«, fragte das Kind.

»Ja«, sagte der Bauer endlich, »wenn ich gepflügt und gesät, geerntet und gedroschen habe, wenn der Müller gemahlen und der Bäcker gebacken hat, dann können wir das Brot essen!«

Der Weg der Sonne

Als vor langer Zeit die Sonne zum ersten Mal über den Himmel zog, um die Erde zu wärmen und zu beleuchten, sagte sie zu den Vögeln: »Ihr wohnt in den Bäumen, ganz in meiner Nähe, und euer Gesang ist der schönste Klang der Welt, darum sollt ihr folgende Aufgabe bekommen: Frühmorgens sollt ihr alle zusammen ein Lied singen, damit ich aufwache, von meinem Sonnenbett aufstehe und meinen Himmelsweg beginne. Am Abend aber, wenn ich müde werde, dürft ihr mir ein Schlaflied singen, damit ich gut einschlafen kann.«

Das wollten die Vögel gerne tun. Jeden Morgen sangen sie gemeinsam, jedes so schön und so laut es konnte. Und tatsächlich: Jeden Morgen, wenn sie sangen, kam die Sonne strahlend aus ihrem Bett gestiegen und lief über den Himmel.

Und jeden Abend sangen die Vögel ein Abendlied und begleiteten die Sonne in den Schlaf.

Das ging so eine ganze Weile, den Frühling und den Sommer hindurch, bis in den Herbst. Nun wurde es vielen Vögeln zu kalt und sie beschlossen, weit weg in wärmere Gegenden zu fliegen. Da war der Morgengesang nicht mehr ganz so laut, und die Sonne brauchte länger, bis sie erwachte. Und am Abend schlief sie nicht mehr so gut ein, weil ihr das Abendlied fehlte. Mit der Zeit wurde sie immer müder und träger, mochte tagsüber nur noch eine kurze Strecke über den Himmel gehen und legte sich früh schlafen. Und so wurde es immer kälter und dunkler bis in den Winter hinein. Die Tiere froren und die Pflanzen versteckten sich in der Erde, weil alles mit Schnee bedeckt war.

Da versammelten sich alle Tiere und sagten: »So kann es nicht weitergehen, die Tage werden immer kürzer, dunkler und kälter, wohin soll das führen? Wir müssen sehen, dass die Vögel zurückkommen, die die Sonne morgens geweckt haben. Aber wer kann sie herbeiholen?«

Endlich fanden sie einen kleinen Spatz, der mit aufgeplusterten Federn frierend im Baum saß. Sie

fragten ihn, ob er nicht den anderen Vögeln nachfliegen und sie zurückholen könnte.

»Das ist ein weiter Weg für einen kleinen Spatz«, sagte er, »aber ich sehe, dass es nötig ist, und will es versuchen.«

Viele Tage und Nächte war der kleine Spatz unterwegs, bis er seine Vogelgeschwister fand. Er sagte zu ihnen: »Ohne euch wacht die Sonne morgens viel zu spät auf, und abends geht sie viel zu früh zu Bett, weil sie so müde geworden ist. Es wird immer dunkler und kälter auf der Erde, bitte kommt zurück und singt!«

Schließlich ließen sich die Vögel überreden und flogen zurück. Und da nach und nach immer mehr Vögel eintrafen, wurde das Morgenlied jeden Tag lauter und die Sonne stand jeden Tag etwas früher auf. Abends wurde sie auf das Beste in den Schlaf gesungen und schlief daher viel besser ein. Die Tage wurden wieder länger, heller und wärmer und alle Tiere und Pflanzen freuten sich, dass die Vögel wieder da waren.

Das Kind und die Wolke

Es war einmal ein Kind, das legte sich, als es müde wurde, unter einen Baum, schaute ein wenig in den Himmel, wo die Wolken entlangzogen, und schlief ein.

Im Traume kletterte es den Baum hinauf, immer höher, bis in den Wipfel. Dort war es den Wolken ganz nahe, winkte ihnen und rief: »Hallo, ihr Wolken, wohin geht ihr? Nehmt mich mit auf die Reise!«

Da kam eine kleine weiße Wolke herangeschwebt und flüsterte: »Guten Tag, Menschenkind! Ich bin ein Wolkenkind. Steige auf, ich nehme dich gerne mit!«

Das Kind sprang auf die kleine Wolke, die war ganz weich und kuschelig.

Der Wind pustete: phuuuuuu – und die Wolke segelte langsam los.

Was es da alles zu sehen gab! Die Kühe grasten auf der Weide, ein Traktor fuhr übers Feld und tuckerte leise, und die Häuser sahen so klein aus wie Spielzeug.

»Hier kommt meine Freundin, die Amsel!«, rief die kleine Wolke.

Eine schwarze Amsel kam zu ihnen geflogen und setzte sich neben das Kind.

»Wisst ihr, dass es drüben überm See ein Wolken-
fest gibt?«, fragte die Amsel. »Von allen Seiten kommen die Wolken herbei und es ist schon sehr lustig.
Wind und Regen wollen auch kommen. Gehen wir
zusammen hin?«

»O ja«, sagten das Wolken- und das Menschenkind. Da pustete der Wind: phuuuuuu – und sie flogen zu dritt zum See.

Hier waren schon viele Wolken versammelt, weiße
und graue und schwarze. Sie tanzten mit dem Wind,
und unser Wölkchen mit Kind und Amsel tanzte mit.
Hui, das war lustig, wie im Karussell!

Die grauen und schwarzen Wolken tanzten so
wild, dass sie aneinander stießen, und immer
wenn sie zusammenprallten – rrummm –, fuhr ein
zackiger Blitz durch den Himmel und es donnerte
laut.

Da mussten die Wolken lachen, und wie sie sich vor Lachen schüttelten, fielen die Regentropfen herab.

Nach und nach wurden die Wolken müde vom vielen Tanzen, der Wind beruhigte sich und das Gewitter war vorüber.

»Es war ein sehr schönes Fest«, sagte das Kind, »aber jetzt möchte ich wieder zurück auf die Erde.«

Die kleine Wolke schwebte zum Baum, das Kind stieg ab und verabschiedete sich von Wolke und Amsel. Es kletterte hinunter, und als es gerade unten war, wachte es auf, schaute in den Himmel und sah die kleine Wolke und die Amsel davonfliegen.